AF349816

L'ILLUSION

D'UN PEINTRE.

L'ILLUSION

D'UN PEINTRE,

BALLET-PANTOMIME EN DEUX TABLEAUX,

PAR M. PERROT,

DE L'ACADÉMIE ROYALE DE MUSIQUE,

Représenté pour la première fois sur le théâtre de Lille, le 21 Octobre 1847.

POUR LES REPRÉSENTATIONS

De Mlles Nathalie et Louise FITZ-JAMES.

LILLE,

IMPRIMERIE DE LELEUX, GRANDE-PLACE, 8.

<h1 style="text-align:center">DISTRIBUTION :</h1>

OLYMPIO , jeune peintre . . . . . M.lle **LOUISE FITZ-JAMES.**

PAQUITA , comtesse de Mandarès. M.lle **FITZ-JAMES.**

DOLORÈS, sœur d'Olympio. . . . M.lle **ALEXANDRINE BOUVIER.**

L'ILLUSION D'UN PEINTRE.

AVANT - SCÈNE.

Les bals de Don FERNANDO Y MONTÈS D'AL-
CANTARA, Grand d'Espagne de première classe
et protecteur né des arts et des sciences, réu-
nissaient, d'ordinaire, toutes les nobles illus-
trations et toutes les sommités artistiques et
savantes de Séville, et cela en dépit de l'aris-
tocratie andalouse, dont l'orgueil si scrupuleux
et la vanité si chatouilleuse se gendarmaient
hautement contre cette fusion qui semblait la
faire déroger.

C'est dans une de ces brillantes et somp-
tueuses réunions, que le jeune Olympio, pein-

tre , dont la réputation et le talent avaient devancé l'âge, rencontra, un soir , la jeune et sémillante comtesse Paquita de Mandarès , dont la beauté parfaite et la grâcieuse désinvolture justifiaient si bien la haute et légitime réputation acquise aux femmes de l'Andalousie.

Pour un artiste , pour un peintre, voir Paquita , c'était l'aimer !..... Mais pour une âme aussi brûlante , pour un cœur aussi impressionnable que l'âme et le cœur d'Olympio , le rapprochement était incendiaire et eût été mortel, peut-être , pour l'art et pour l'artiste , si le hasard n'avait voulu , qu'au milieu de ce bal , où de son coté la comtesse avait remarqué le jeune homme , la mâle et grâcieuse beauté de ce dernier , et ses manières simples et modestes, qui contrastaient si fort avec celles de son entourage , éveillassent , dans le cœur de la capricieuse enfant , une curiosité et un intérêt dont elle-même ne pouvait se rendre compte !....

PREMIER TABLEAU.

SCÈNE I.

(Le Théâtre représente un Atelier de peinture.)

Olympio, triste, abattu et sans courage, se laisse aller à
à toutes les impressions d'un amour sans espoir; il est las
de combattre et n'a plus d'énergie : toujours et partout il
voit cette femme qui domine ses pensées et ses rêves.
Assis, devant son chevalet, il ne voit qu'elle !... elle,
partout !.... toujours !.... et, les yeux pleins de larmes, le
cœur plein de feu, lui aussi s'écrie :

> « Ardo y lloro sin sossiego .
> » Llorando y ardiendo tanto,
> Que ni el llanto apaga el fuego,
> Ni el fuego consume el llanto. » (1)

Désespéré, il se lève, jette ses pinceaux, et va au fond

(1) Je brûle et je pleure sans cesse, sans que mes pleurs puissent éteindre mes
feux, ni mes yeux consumer mes larmes.

de l'atelier, où il reste quelque temps absorbé sous le poids des douloureuses pensées que lui inspire la vue d'un tableau qu'il cache à tous les regards !... c'est le portrait de Paquita, qu'il a fait d'imagination ; mais cette copie froide, inanimée, sans force, sans vigueur, est bien au-dessous de l'original !... Ses couleurs et ses pinceaux ont trahi son génie d'artiste en refusant à la copie toute la beauté, l'animation et la grâcieuse fierté andalouse qui brillent à un si haut degré dans le modèle, et don le souvenir est tout brûlant dans le cœur du peintre !.... Oh ! s'il pouvait, comme Pygmalion, l'animer de son âme et faire passer dans cette toile une partie du feu qui le consume !.... Mais les dieux sont sourds à sa prière, la toile reste froide, le portrait est sans vie !....

SCÈNE II.

L'arrivée de Dolorès, sa sœur, vient enfin tirer Olympio de son amoureuse rêverie ; mais jaloux de tout regard profane, au moment où elle paraît, il voile son tableau et reste silencieux et pensif !....

Dolorès, dont la tendresse inquiète ne s'est jamais endormie, va à lui, le console et lui reproche doucement un abattement moral qui nuit à l'art qu'il professe et doit tuer son génie; elle lui fait comprendre tout ce qu'il y a de dangereuse folie à s'attacher à une chimère !... à une femme d'une aussi haute naissance et d'un caractère aussi altier !.....

Ces sages représentations, et ces conseils si doux, donnés par la tendresse fraternelle, finissent par convaincre Olympio, et le décident enfin à aller prendre un repos dont depuis si long-temps il s'était privé..... (*Il sort.*)

SCÈNE III.

Dolorès, restée seule, déplore la triste situation d'esprit dans laquelle cette funeste passion a jeté son frère ; elle ne sait comment opérer une diversion dans ses idées afin de l'en distraire, lorsque tout-à-coup, précédée de quatre pages, on voit entrer une dame couverte d'un voile, et qui, s'adressant à Dolorès, lui dit qu'elle désirerait voir le peintre Olympio, afin de lui commander son portrait ! — La jeune fille, enchantée de cette circonstance, prie la dame de vouloir bien attendre un instant dans l'atelier, en ajoutant qu'elle court chercher son frère pour le ramener aussitôt.

SCÈNE IV.

Paquita, car c'est elle que la curiosité, et peut-être un sentiment plus tendre amènent chez le peintre, Paquita examine d'abord toutes les études et les tableaux qui garnissent l'atelier du jeune homme. Lorsqu'elle arrive au fatal rideau, elle hésite quelque temps, par discrétion à le soulever ; mais son instinct la domine, et, d'une main légère, elle fait disparaître le voile !...

O surprise !... son portrait !... à elle !... qui n'avait pas posé ?... il avait donc conservé un souvenir bien fidèle de ses traits ?... Il l'aimait donc ?... Heureuse de cette découverte, qui ne lui laisse plus aucun doute sur la passion d'Olympio, et touchée de sa discrétion, elle exprime toute sa joie, tout son bonheur d'avoir su lui inspirer un amour aussi sincère, un amour qu'elle partageait du jour où elle l'avait vu pour la première fois! De ce moment, sa curiosité n'a plus de bornes : elle visite tous les coins de l'atelier et trouve sur le chevalet un rubans qu'elle reconnaît !... un ruban qu'elle a perdu au bal et que le peintre, qui l'a trouvé, conservait comme une relique !.. Mais du bruit se fait entendre au dehors !... Ce ne peut être qu'Olympio !... Et vîte, elle conçoit le projet le plus espiègle, l'idée la plus lutine qui puisse jamais entrer dans une tête andalouse et féminine. Alors, sans réfléchir, sans songer aux suites qui peuvent résulter d'un pareil dessein, elle disparaît pour le mettre à exécution.

SCÈNE V.

Le jeune homme, introduit par sa sœur, qui le quitte à l'entrée de l'atelier, est fort étonné de n'y point voir cette dame qu'il devait y rencontrer; mais, tout à sa passion, il laisse bientôt de côté toute préoccupation artistique pour ne songer qu'à la belle Paquita; aussi, va-t-il presque machinalement soulever le voile qui lui dérobe ses traits... O ciel! est-ce une illusion?... La couleur s'est animée!... ses yeux brillent!... ses chairs sont palpitantes!... Cet ouvrage, qu'il avait laissé imparfait, est devenu son chef-d'œuvre!... Il s'en approche!... ô prestige!... ô miracle!... le personnage s'anime réellement, il recule d'abord!... puis, tournant sur lui-même, fait les poses les plus grâcieuses!... Olympio ne sait s'il rêve ou s'il veille, sa tête se perd, il va devenir fou!... Quand, tout-à-coup, la chimère disparaît!... Alors, la situation d'Olympio n'est plus tenable : est-ce un songe?... une illusion?... est-il donc en démence, et le cœur aurait-il emporté la raison?...

SCÈNE VI.

Dolorès survient; elle cherche à maintenir son frère dans ce retour qu'il fait sur lui-même, et pour mieux lui

prouver que tout ce qu'il a vu n'est qu'un jeu de son imagination, elle va au tableau mystérieux, lève le voile!...
et le portrait reste froid et inanim !... Le désespoir d'O-
lympio est à son comble; il ne peut vivre ainsi sous l'im-
pression d'une passion qui le rendra la risée de Séville!..
Il faut qu'il meure!... Mais l'espiègle comtesse, heureuse
de tant d'amour, et n'ayant voulu qu'éprouver son amant,
arrive à temps pour faire son bonheur en lui accordant sa
main.

DANSE,

DEUXIÈME TABLEAU.

PAS DE DEUX,

Par Mesdames **LOUISE** et **NATHALIE FITZ-JAMES**.

PAS VILLAGEOIS,

Par Mesdames **AMÉLIE CAMOIN** et **ALEXANDRINE BOUVIER**.

LA MANOLA,

Par Mesdames **LOUISE** et **NATHALIE FITZ-JAMES**.

www.ingramcontent.com/pod-product-compliance
Lightning Source LLC
LaVergne TN
LVHW010915180726
843502LV00010B/4141